AF304023

Am Nonnendamm
Gedichte

Christoph Sebastian Widdau

Bibliografische Information der Deutschen
Nationalbibliothek: Die Deutsche Nationalbibliothek
verzeichnet diese Publikation in der Deutschen
Nationalbibliografie; detaillierte bibliografische Daten
sind im Internet über dnb.dnb.de abrufbar.

Herstellung und Verlag:
BoD – Books on Demand, Norderstedt

ISBN: 9783752817249

Für mein flammendes Käthchen

Inhalt

Kiefernwäldchen

Des Knopflochs blühender Nagel
Mit dem ich dich kratze, Liebes
Ganz und gar, an der Beuge
Gezogen aus dem Staubmantel
Den wir teilten, den Stoff
Als wir noch wussten

Der Kiefer spitzblutende Nadel
Mit der du mich stichst, Liebes
Ganz und gar, an der Ferse
Gezogen aus dem Gehölz
Dem wir dienten, ein Stück
Als wir noch wussten

Liebes, uns trommelt der Specht
Wolkenflug im Laubgeraschel
Ganz und gar, an den Muscheln
Gezogen aus einem Boden
Den wir beschreiten, ein Sinken
Irgendwoher

Am Nonnendamm

Am Nonnendamm, am Nonnendamm
Dort branden Ströme, Nerven, dann
Erschallt ein Laut am Strömungskamm
Ergießt sich Flut, das Opferlamm
Und Opferlamm, im Schöpfungsbann
Die Fleckentracht versinkt, der Schlamm
Wo Gott sich auf den Bruch besann
Am Nonnendamm, am Nonnendamm

Geliebtes Dünenspiel

Taktend wirft der Turm sein Licht
Auf finstre Wellenschläge
An Dünensträuchern es dann bricht
Am Sandeswuchsgepräge

Kuhle, Schenkel, Fingerspiel
Der Brandung Kraft in Brüchen
Ein Laut strömt taktlos in den Priel
Erschallt aus lichten Büschen

Schlagein, schlagaus

Kauz, mit stumpfer Feder
Brichst du den Flügel dir
Knackt man den Flügel dir
Schlagein, schlagaus

Kauz, Untiefe und Untiefe
In der man dich ertränkt
In der du dich ersäufst
Schlagein, schlagaus

Kauz, ergreife das Gurgelwort
Damit du nicht mehr lauschst
Man nichts mehr hört, von
Schlagaus, schlagein

Aus ihrer Asche

Aus ihrer Asche saugst du
Saugst den Faden, Lippenlohn
Dich zu entwirren, Wirrgänger

Doch in Garn, Faden und Zwirn
Der anderen und demselben
Bist du Verstricktes, endenlos

Unser Brauchtum

Aus nicht Durchdrungenem
Neues bergen, etwas
Das man nicht durchdringt
Um den Punkt zu finden
Den man setzen könnte
Mit beruhigter Hand
Hielte man sich aus
Als ein zu Bergendes
Das sich nicht durchdringt

An deinem Fluss

An deinem Fluss
Entflieht geschwind
Des Laubes Kuss
Im Scheidewind

An deinem Fluss
Verbirgt geschwind
Der Wolken Schluss
Das Schlüsselkind

An deinem Fluss
Erschlägt geschwind
Der Wellen Schuss
Was Zähren sind

Im Abenteuer

Wir sind im Abenteuer
Zwischen Schlammseehalmen
In Meterlänge, Süßgraswirrsal
Unter dem Indianerkopf
Im Abenteuer, wir sind

Schlamm und Geruchsfetzen
Wanderschuhe und Weidenkätzchen
Blickbrüche und Schwaden
Lesebaum und Laubrutschhöhle
Schächte und Gehörsplitter

Nur, dass der blaue See
Blau nicht mehr ist, vor dem Tal
Sind im Abenteuer, wir

Laienspielhaus

Ersticke, behutsam
In dem Serviettenring
Zierendes

Ohne Wortstaub
An dem Blankpolierten
Glänzendes

Beschneidung, unmerklich
In dem Deckenmaß
Spitzendes

Als ein Lichtleinkuss
In den Nachtlaken
Stöhnendes

Ausgebreitet, uns
In der Ausgangsnot
Mattendes

Seinswerdung

Wenn du mir deinen Namen gibst
Laute, Silben spielend schiebst
Dann werden wir unsterblich

Wenn du mir deinen Namen gibst
Mich kosend, küssend, als dich liebst
Dann sind wir du ich ich

Stunden in der Garnison

Von deiner Garnison sind es
Nur wenige stramme Schritte
Bis zu dem Tor des Arsenals
An dem du kratzen könntest
Mit gekürzten Nägeln

Doch aus dem Fenster lugst du
In erstarrter Melancholie
Bis zu dem Arsenal des Tors
Das du in dem Fenster siehst
Mit spiegelndem Glas

Besetze dich in dem Stuhl
Des Windens und Drehens
Bis zu dem Stillstand
Aller Waffen und Widerworte
Mit geheiligtem Mundtod

Litfaß

Flüchtig, ohne Not und
Ohne Nöte, rasch bloß
Dein Augenflug, in
Alltäglicher Beliebigkeit

Über meine Annoncen
Über Zeile und Strich
Über meinen Ruf
Über meinen Stillstand
Über das Über
Überkommenes

Wäre es nur Flucht, doch
Es ist ein Flanieren, für
Diese und jene, deine nichts als
Alltägliche Fortbewegung

Exil

Wachstum, unabdingbar
Bedingung der Lichtwerdung
Mein gepriesener Jean-Jacques

Ohne Ausgang im Auswuchs
Ohne Ausweg aus der Falle
In der wir uns wohlig wenden
In der wir uns elend winden
Mit oder ohne Brot

Ob diese Stadt, ob dieses Dorf
Ob dieses Feld, ob dieser Tümpel
Als Bedingung der Lichtwerdung
Hebst du dich nicht auf
In Schal, Wäsche und Stiefeln

Suppenschnuppenmärchen

Die Ochsenschwanzsuppe
Schmeckt mir nicht
Die, die du kochtest

Ist mir nichts als schnuppe
Dass dir nicht schmeckt
Das, was ich kochte

Dann pass mal auf, du
Wie ich aus der Suppe
Eine Schnuppe steigen lasse

Aus der Flüssigkeit fischend
Schwanzlauf und Schwanzende
Wuchtend, ballend, knetend

Fliege, Suppeschnuppe, fliege
Die sofort stürzt, Sturzflug
Und wir lachen schlapp

Taubentreu

Wildgeschnäbel, Taubentreu
Auf Hinterhausbaumzweigen
Vom Kätzchen nur ein Sehnsuchtsblick
Zu euch kann es nicht steigen

Zu dir ja nicht, du Täubin
Und nicht zu dir, du Täuber
Vom Kätzchen nur ein starrer Blick
Von diesem kleinen Räuber

Ihr fliegt in Runde, immerzu
Als Luftspielpaar, gemeinsam
Das Kätzchen hoch, zu euch aufblickt
Gar neidisch, stumm und einsam

der mann wo mir

der mann wo mir
ein bonbon gegeben hat
steht tatsache rum
an der treppe unten in dem
haus dort schwanz
wo gehst du zuhause
mach mal keinen aufhören
muss das für den stand irgendwo
kleinen mann wo dir
ein bonbon gegeben hat
nur ein stück weit echt jetzt
dann wieder ich dann du
dann ich stufe stufe eins zwei
drei so ist das leben halt
du mann wo ihr

Geschichtslehre

Nicht die Namen der Schlacht
Und nicht die der Schlächter
Nicht die der Geschlachteten
Und nicht die der Schlachtfelder

Nicht die des Wiederaufbaus
Und nicht die der Wiederaufbauenden
Nicht die unserer Geburten
Und nicht die unseres Absterbens

All die nicht, aber
Dass es sie gibt, das gehe über
In Fleisch und Blut und
Wort und Tat

Echokammer

Durch Zeiten und Raum
Der geflüsterte Name
Brüchig erklingend
Aus dem Schlaf
In das Tagesdämmern
Durch die Lichtstunden
Als sei die Welt
Deine, Echo
Als sei die Welt
Unsere, wir Verfluchten

Endstück

Knust
Den ich finde
Im Korb
Gerissenes
Am Mittag
Nach deiner
Endstück
Nach meiner
Knust

Blätterblüten

Laut eines Reports
Sei die Welt oft zu viel
Voller Schulzuweisungen
Die offene Fragen generieren
Die aber spannend sind
So der Kanditat
Da sich die Schere vergrößert
Nachdem Aufschwung
Weil der Wechsel verpuffte
Mit dem wir Chancen optimistisch sahen
Was die Zukunft zeigen wird

Zu seiner Zeit

An den Geschmack des Geküssten
Des dort und hier und dort Geküssten
Überall Geküsste, denke ich nicht

Nicht an die Rötung deiner Haut
An Jahreszeitsprossen nicht
Nicht an Spreizungen und Schließungen

An Senkungen und Hebungen nicht
Der Brauen und Hüften, Entspannte
Aus meinen Stunden entspannt

Denke ich nicht an dich, Verhallte
An den Klang deines Stöhnens nicht
Nicht an den Geschmack des Küssens

All das gedankenlos gefegt
Wie eine Staubschicht vom Sims
Zu seiner Zeit

Inschrift

Blätterbuhlen
Stammesfrieden
Spitzengold und
Blütensieden

Gewölbenwinde
Opferstock
Grabenöffnung
Spitzenrock

Totenlinien
Backsteinblüte
Liebestraum und
Sehnsuchtsgüte

Toresknarren
Glockenschlag
Blätterbündel
Abschiedstag

Kiefernwäldchen
Geliebtes Dünenspiel
Schlagein, schlagaus
An deinem Fluss
Laienspielhaus
Stunden in der Garnison
Exil
Taubentreu
Echokammer
Endstück

Giacomo Bini

Sulla biblioteca pubblica di Bergamo e circa il decretato traslocamento di essa